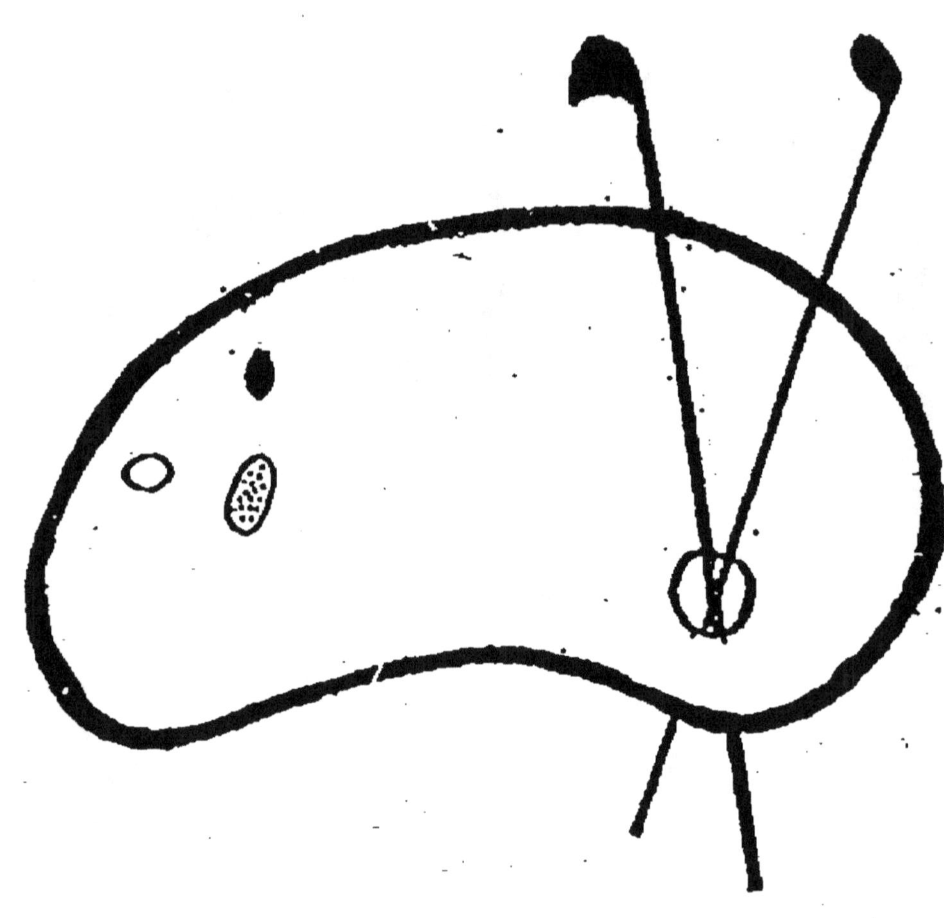

DEBUT D'UNE SERIE DE DOCUMENTS
EN COULEUR

POURQUOI LA VIE ?

SOLUTION RATIONNELLE

DU

PROBLÈME DE L'EXISTENCE

Ce que nous sommes.
D'où nous venons.
Où nous allons.

PAR

LÉON DENIS

TOURS

IMPRIMERIE BARBOT-BERRUER

2, RUE SAINT-MARTIN, 2

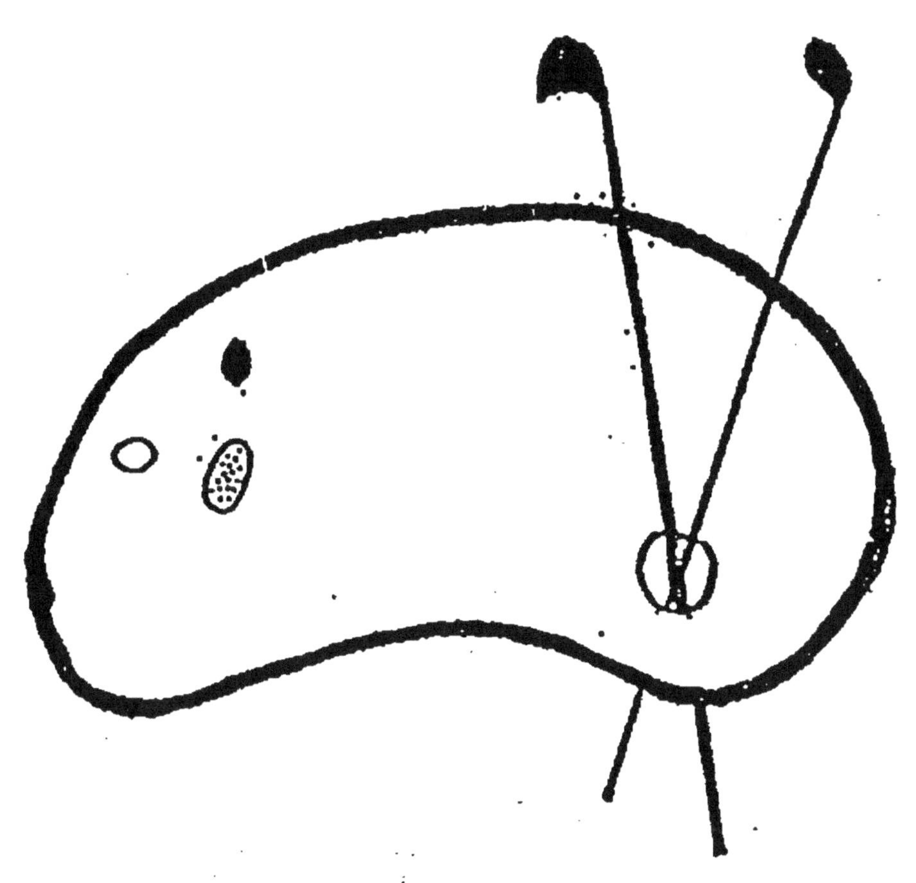

POURQUOI LA VIE?

SOLUTION RATIONNELLE

DU

PROBLÈME DE L'EXISTENCE

Ce que nous sommes.
D'où nous venons.
Où nous allons.

PAR

LÉON DENIS

TOURS
IMPRIMERIE BARBOT-BERRUER
2, RUE SAINT-MARTIN, 2

A CEUX QUI SOUFFRENT

C'est à vous, ô mes frères et sœurs en humanité, à vous tous que le fardeau de la vie a courbés, à vous que les âpres luttes, les soucis, les épreuves ont accablés, que je dédie ces pages. C'est à votre intention, affligés, déshérités de ce monde, que je les ai écrites. Obscur enfant du peuple, humble pionnier de la vérité et du progrès, j'ai mis en elles le fruit de mes veilles, mes réflexions, mes espérances, tout ce qui m'a consolé, soutenu dans ma marche ici-bas.

Puissiez-vous y trouver quelques enseignements utiles, un peu de lumière pour éclairer votre chemin. Puisse cette œuvre modeste être pour votre esprit attristé comme l'ombre au travailleur brûlé du soleil, comme la source limpide et fraîche, jaillissant dans le désert aride sous les pas du voyageur altéré !

I

DEVOIR & LIBERTÉ

Quel homme, aux heures de silence et de recueillement, n'a jamais interrogé la nature et son propre cœur, leur demandant le secret des choses, le pourquoi de la vie, la raison d'être de l'Univers? Où est celui qui n'a jamais cherché à soulever le voile de la mort, à connaître ses destinées, à savoir si Dieu est une fiction ou une réalité? Il n'est pas d'être humain, si insouciant soit-il, qui n'ait envisagé quelquefois ces redoutables problèmes. La difficulté de les résoudre, l'incohérence et la multiplicité des théories qu'ils ont fait naître, les déplorables conséquences qui découlent de la plupart des systèmes répandus, tout cet ensemble confus, en fatiguant l'esprit humain, l'ont rejeté dans l'indifférence et le scepticisme.

Pourtant l'homme a besoin de savoir; il a besoin du rayon qui réchauffe, besoin de l'espoir qui console, besoin de la certitude qui guide et soutient. Et il a aussi le moyen de connaître, la possibilité de voir face à face l'auguste vérité se dégager des ténèbres, l'inonder de sa bienfaisante lumière. Pour cela il convient de se détacher des systèmes préconçus, de descendre au fond de soi-même, d'écouter la voix intérieure qui parle à tous, la voix de la raison, la voix de la conscience, que les sophismes ne peuvent tromper.

Ainsi j'ai fait. Longtemps j'ai réfléchi; j'ai médité sur les problèmes de la vie et de la mort; avec persévérance j'ai sondé ces profonds abîmes. J'ai adressé à l'Éternelle Sagesse un ardent appel et Elle m'a répondu, comme elle répond à tout esprit animé de l'amour du bien. Des preuves évidentes, des faits d'observation directe, sont venus confirmer les déductions de ma pensée, offrir à mes convictions une base solide, inébranlable. Après avoir douté, j'ai cru ; après avoir nié, j'ai vu. Et le calme, la confiance, la force morale sont descendus en moi. Ce sont ces biens que, dans la sincérité de mon cœur, désireux d'être utile à mes semblables, je viens offrir à ceux qui souffrent et qui désespèrent.

Jamais le besoin de lumière ne s'est fait sentir d'une manière plus impérieuse. Une immense transformation s'opère au sein des sociétés humaines. Après avoir été soumis pendant une longue suite de siècles au principe d'autorité, le peuple aspire de plus en plus à secouer toute contrainte, à se diriger lui-même. En même temps que les institutions politiques se modifient, les croyances religieuses, la foi aux dogmes s'affaiblissent, les cultes sont délaissés. C'est encore là une des conséquences de la liberté dans son application aux choses de la pensée et de la conscience. La liberté, dans tous les domaines, tend à se substituer à la contrainte, à l'autorité, à guider les nations vers des horizons nouveaux. Le droit de quelques-uns est devenu le droit de tous; mais pour que ce droit souverain soit conforme à la justice et porte ses fruits, il faut que la connaissance des lois morales en vienne régler l'exercice. Pour que la liberté soit féconde, pour qu'elle offre aux œuvres humaines une base sûre et durable, elle doit être complétée par la lumière, la sagesse, la vérité. Donner la liberté à des hommes ignorants et vicieux, n'est-ce pas mettre une arme puissante entre des mains d'enfant? L'arme, dans ce cas, se retourne souvent contre celui qui la porte et le blesse.

II

LES PROBLÈMES DE L'EXISTENCE

Ce qu'il importe à l'homme de savoir par dessus tout, c'est ce qu'il est, d'où il vient, où il va, quelles sont ses destinées. Les idées que nous nous faisons sur l'univers et ses lois, sur le rôle que chacun de nous doit jouer sur ce vaste théâtre, sont d'une importance capitale. C'est d'après elles que nous devons diriger nos actes. C'est en les consultant que nous assignons un but à notre vie, et marchons vers ce but. Là est la base, le véritable mobile de toute civilisation. *Tant vaut l'idéal, tant vaut l'homme.* Pour les collectivités comme pour l'individu, c'est la conception du monde et de la vie qui détermine les devoirs, fixe la voie à suivre, les résolutions à adopter.

Mais, ainsi que nous l'avons dit, la difficulté de les résoudre, fait trop souvent rejeter ces problèmes. L'opinion du grand nombre est vacillante, indécise, et les actes, les caractères s'en ressentent. C'est là le mal de l'époque, la cause du trouble auquel elle est en proie. On a l'instinct du progrès, on veut marcher, mais pour aller où? C'est à quoi l'on ne songe pas assez. L'homme ignorant de ses destinées est semblable à un voyageur parcourant machinalement une route, insoucieux du point de départ et du point d'arrivée, ne sachant pourquoi il voyage, par suite toujours disposé à s'arrêter au moindre obstacle, à perdre son temps, sans souci du but à atteindre.

Le vide et l'obscurité des doctrines religieuses, les abus qu'elles ont engendré rejettent nombre d'esprits dans le scepticisme. On croit volontiers que tout finit à la mort, que l'homme n'a d'autre destinée que de s'évanouir dans le néant.

Nous démontrerons plus loin combien cette manière de voir est en opposition flagrante avec l'expérience et la raison. Disons dès maintenant qu'elle est destructive de toute idée de justice et de progrès.

Si la vie est circonscrite du berceau à la tombe, si les perspectives de l'immortalité ne viennent éclairer notre existence, l'homme n'a plus d'autre loi que celle de ses instincts, de ses appétits, de ses jouissances. Peu importe qu'il aime le bien, l'équité. Ne faisant que paraître et disparaître en ce monde, emportant avec lui dans l'oubli ses espérances et ses affections, il souffrira d'autant plus que ses aspirations seront plus pures, plus élevées. Aimant la justice, il est condamné à n'en voir presque jamais la réalisation. Passionné pour le progrès, soldat du droit, sensible aux maux de ses semblables, il s'éteindra avant d'avoir vu triompher ses principes.

Avec la croyance au néant, plus vous aurez pratiqué le dévouement, la justice, plus votre vie sera amère, fertile en déceptions. L'égoïsme bien entendu serait la suprême sagesse, l'existence perdrait toute grandeur, toute dignité. Les plus nobles facultés, les plus généreuses tendances de l'esprit humain finiraient par se flétrir, par s'éteindre entièrement.

La négation de la vie future supprime aussi toute sanction morale. Selon elle, les actes bons ou mauvais, criminels ou sublimes, aboutissent aux mêmes résultats. Nulle compensation aux existences misérables, à l'obscurité, à l'oppression, à la douleur. Plus de consolation dans l'épreuve, plus d'espérance aux affligés. Aucune différence n'attendra dans l'avenir l'égoïste qui n'a vécu que pour lui et souvent aux dépens de ses semblables, et le martyr, l'apôtre qui auront souffert, succombé en combattant pour l'émancipation et le progrès de la race humaine. La même ombre les attend tous.

Si tout finit à la mort, l'être n'a donc aucune raison de se contraindre, de comprimer ses instincts, ses goûts. En dehors des lois terrestres, rien ne peut lui imposer de limites. Le bien et le mal, le juste et l'injuste se confondent également, et se mêlent dans le néant. Et le suicide sera toujours un moyen d'échapper aux rigueurs des lois humaines.

La croyance au néant, en même temps qu'elle détruit toute sanction morale, laisse irrésolu le problème de l'inégalité des existences, des facultés, des aptitudes, des mérites. En effet, pourquoi aux uns tous les dons de l'esprit et du cœur, les faveurs de la fortune, alors que tant d'autres n'ont en partage qu'ignorance, vices et misère? Pourquoi dans une même famille, des parents, des frères, issus de la même chair et du même sang, diffèrent-ils essentiellement sur tant de points? Autant de questions insolubles pour les matérialistes, ainsi que pour bien des croyants. Ces questions, nous allons les examiner brièvement à la lumière de la raison.

III

ESPRIT ET MATIÈRE

Il n'est pas d'effet sans cause ; rien ne procède de rien. Ce sont là des axiomes, c'est-à-dire des vérités incontestables. Or, comme on constate en chacun de nous l'existence de forces, de puissances qui ne peuvent être considérées comme matérielles, il y a nécessité, pour en expliquer la cause, de remonter à une autre source que la matière, à ce principe que nous nommons l'âme ou esprit.

Lorsque, descendant au fond de nous-même, nous voulons apprendre à nous connaître, à analyser nos facultés ; lorsque, écartant de la surface de notre âme l'écume qu'y accumule la vie, l'épaisse enveloppe dont les préjugés, les sophismes, dont une mauvaise éducation ont revêtu notre intelligence, nous pénétrons dans les replis les plus intimes de notre être, nous nous y trouvons face à face avec ces principes augustes sans lesquels il n'est pas de grandeur pour l'humanité; savoir : l'amour du bien, le sentiment de la justice et du progrès. Ces principes qu'on retrouve à des degrés divers, aussi bien chez l'ignorant que chez l'homme de génie ne peuvent provenir de la matière qui est dépourvue de tels attributs. Et si la matière ne possède pas ces qualités, comment pourrait-elle former seule des êtres qui en sont doués? Notre mémoire, notre science, le sens du beau et du vrai, l'admiration que nous éprouvons pour les œuvres grandes et généreuses ne sauraient avoir la même origine que la chair de nos membres ou le sang de nos veines. Ce sont plutôt là comme les reflets d'une haute et pure lumière qui brille en chacun de nous, de même que le soleil se reflète sur les eaux, que ces eaux soient troubles ou limpides.

En vain les sceptiques prétendent que tout est matière. Eh quoi, nous ressentons de puissants élans d'amour et de bonté, nous aimons la vertu, le dévouement, l'héroïsme; le sentiment de la beauté morale est gravé en nous, l'harmonie des choses et des lois nous pénètre, nous ravit et rien de tout cela ne nous distinguerait de la matière? Nous sentons, nous aimons, nous possédons la conscience, la volonté et la raison et nous procéderions d'une cause qui ne possède ces qualités à aucun degré, d'une cause qui ne sent, n'aime ni ne connaît rien, qui est aveugle et muette? Supérieurs à la force qui nous produit, nous serions plus parfaits et meilleurs qu'elle.

Une telle manière de voir ne supporte pas l'examen. L'homme participe de deux natures. Par son corps, par ses organes, il dérive de la matière; par ses facultés intellectuelles et morales il procède de l'esprit.

Disons plus exactement encore au sujet du corps humain que les organes composant cette admirable machine sont semblables à des rouages incapables d'agir sans un moteur, sans une volonté qui les mette en action. Ce moteur, c'est l'âme. Un troisième élément relie les deux autres, transmettant aux organes les ordres de la pensée. Cet élément est le fluide vital ou périsprit, matière éthérée qui échappe à nos sens. Il enveloppe l'âme, l'accompagne après la mort dans ses pérégrinations infinies, s'épurant, progressant avec elle, lui constituant une corporéïté diaphane, vaporeuse. Nous fournirons plus loin la preuve de l'existence du périsprit.

L'esprit gît en la matière comme un prisonnier en sa cellule et les sens sont les ouvertures par lesquelles nous communiquons avec le monde extérieur. Mais tandis que la matière décline tôt ou tard, périclite, se désagrège, l'esprit augmente en puissance, se fortifie par l'éducation et l'expérience. Ses aspirations grandissent, s'étendent par delà le tombeau; son besoin de savoir, de connaître, de vivre est sans bornes. Tout montre que l'être humain n'appartient que temporairement à la matière. Le corps n'est qu'une forme d'emprunt, une forme passagère, un instrument à l'aide duquel l'âme poursuit en ce monde une œuvre d'épuration et de progrès. La vie spirituelle est la vie normale, véritable, sans fin, en un mot immortelle.

IV

HARMONIE DE L'UNIVERS

Étant donné l'existence en nous d'un principe intelligent et raisonnable, l'enchaînement des causes et des effets nous fait remonter pour en expliquer l'origine jusqu'à la source dont il émane. Cette source, dans leur pauvre et insuffisant langage, les hommes l'appellent Dieu.

Dieu est le centre vers lequel convergent et où viennent aboutir toutes les puissances de l'univers. Il est le foyer d'où émane toute idée de justice, de solidarité et d'amour, le but commun vers lequel tous les êtres s'acheminent, consciemment ou inconsciemment.

C'est de nos rapports avec le grand architecte des mondes que découle l'harmonie universelle, la communauté, la fraternité. Pour être frères, en effet, il faut avoir un père commun, et quel autre père que Dieu aurions-nous ?

Dieu, dira-t-on, a été présenté sous des aspects si étranges, parfois si odieux par les hommes de secte que l'esprit moderne s'est détourné de lui. Mais qu'importent les divagations des sectaires. Prétendre que Dieu peut-être amoindri par les propos des hommes, équivaut à dire que le mont Blanc et l'Himalaya peuvent être souillés par le souffle d'un moucheron. La vérité plane, radieuse, éblouissante, bien au-dessus des obscurités théologiques.

Pour l'entrevoir, cette vérité, la pensée doit se dégager des préceptes étroits, des pratiques vulgaires, rejeter les formes grossières dont les religions ont enveloppé le suprême idéal. Elle doit étudier Dieu dans la majesté de ses œuvres.

A l'heure où tout repose dans nos cités,

quand la nuit est transparente et que le silence se fait sur la terre assoupie, alors élève tes regards, ô homme, mon frère, et contemple l'infini des cieux.

Observe la marche rythmée des astres, évoluant dans les profondeurs. Ces feux innombrables sont des mondes près desquels la terre n'est qu'un atome, des soleils prodigieux qu'entourent des cortèges de sphères et dont la course rapide se mesure à chaque minute par millions de lieues. Des distances effrayantes nous en séparent. C'est pourquoi ils nous paraissent comme de simples points lumineux. Mais dirige vers eux cet œil colossal de la science, le télescope. Tu distingueras leurs surfaces semblables à des océans de flamme. Tu chercheras en vain à les compter; jusque dans les régions les plus reculées, ils se multiplient et se confondent dans l'éloignement comme une poussière lumineuse. Vois aussi sur les mondes voisins de la terre se dessiner les vallées, les montagnes, se creuser les mers, se mouvoir les nuages. Reconnais que les manifestations de la vie se montrent partout et qu'un ordre formidable unit sous des lois uniformes et dans des destinées communes la terre et ses sœurs, les planètes errant dans l'infini. Sache que tous ces mondes s'agitent, s'éloignent, se rapprochent, ébranlés par des vitesses diverses, parcourant des orbes immenses, que partout le mouvement, l'activité, la vie se montrent en un spectacle grandiose. Observe notre globe lui-même, cette terre, notre mère, laquelle semble nous dire : Votre chair est la mienne; vous êtes mes enfants? Observe-la cette grande nourrice de l'humanité, vois l'harmonie de ses contours, ses continents, moules où les nations ont germé et grandi, ses vastes océans, toujours mobiles; suis le renouvellement des saisons la revêtant tour à tour de vertes parures ou de blondes moissons. Contemple les végétaux, les êtres vivants qui la peuplent : oiseaux, insectes, plantes et fleurs; chacune de ces choses est une ciselure merveilleuse, un bijou de l'écrin divin. Observe-toi toi-même; vois le jeu admirable de tes organes, le mécanisme merveilleux et compliqué de tes sens. Quel génie humain pourrait imiter ces chefs-d'œuvre délicats : l'œil et l'oreille?

Considère toutes ces choses et demande à ta raison, à ton jugement, si tant de beauté, de splendeur, d'harmonie, peut résulter du hasard ou si ce n'est pas plutôt une cause intelligente qui préside à l'ordre du monde et à l'évolution de la vie. Et si tu m'objectes les fléaux, les catastrophes, tout ce qui vient troubler cet ordre admirable, je te répondrai : Scrute les problèmes de la nature; ne t'arrête pas à la surface, descend au fond des choses et tu découvriras avec étonnement que ces apparentes contradictions ne font que confirmer l'harmonie générale, quelles sont même nécessaires au progrès des êtres, qui est le but suprême de l'existence.

Si Dieu a fait le monde, ripostent triomphalement certains matérialistes, qui donc a fait Dieu? Cette objection n'a pas de sens. Dieu n'est pas un être s'ajoutant à la série des êtres. Il est l'Être universel sans limites dans le temps et dans l'espace, par conséquent infini, éternel. Il ne peut y avoir aucun être au-dessus ni à côté de lui. Dieu est la source et le principe de toute vie. C'est par lui que se relient, s'unissent, s'harmonisent toutes les forces individuelles, sans lui isolées et divergentes. Abandonnées à elles-mêmes, n'étant pas régies par une loi, une volonté supérieure, ces forces n'auraient produit que confusion et chaos. L'existence d'un plan général, d'un but commun auxquels participent toutes les puissances de l'univers prouve l'existence d'une cause, d'une intelligence suprême qui est Dieu.

V

LES VIES SUCCESSIVES

Nous avons dit qu'afin d'éclairer son avenir, l'homme devait avant tout apprendre à se connaître. Pour marcher d'un pas assuré, il faut savoir où l'on va. C'est en conformant ses actes aux lois supérieures, que l'homme travaillera efficacement à son amélioration, à celle du milieu social. L'important est de discerner ces lois, de déterminer les devoirs qu'elles nous imposent, de prévoir les conséquences de nos actions.

Le jour où il sera pénétré de la grandeur de son rôle, l'être humain saura mieux se détacher de ce qui l'amoindrit et l'abaisse; il saura se gouverner d'après la sagesse, préparer par ses efforts l'union féconde des hommes en une grande famille de frères.

Mais que nous sommes loin de cet état de choses. Quoique l'humanité avance lentement dans la voie du progrès, on peut dire cependant que l'immense majorité de ses membres marche à travers la vie comme au milieu d'une nuit obscure, s'ignorant elle-même, ne sachant rien du but réel de l'existence.

D'épaisses ténèbres voilent la raison humaine. Les rayons de la vérité, n'arrivent à elle que pâles, affaiblis, impuissants à éclairer les routes sinueuses que suivent les innombrables légions en marche, à faire resplendir à leurs yeux le but idéal et lointain.

Ignorant de ses destins, flottant sans cesse du préjugé à l'erreur, l'homme maudit parfois la vie. Défaillant sous son fardeau, il rejette sur ses semblables la cause des épreuves qu'il endure et qu'engendre trop souvent son imprévoyance. Révolté contre Dieu qu'il accuse d'injustice, dans sa folie et son désespoir, il en arrive même quelquefois à déserter le combat salutaire, la lutte qui, seule, peut fortifier son âme, éclairer son jugement, le préparer à des travaux d'un ordre plus élevé.

Pourquoi en est-il ainsi ? Pourquoi l'homme descend-t-il faible et désarmé dans la grande arène où se livre sans trêve, sans relâche, l'éternelle et gigantesque bataille ? C'est que ce globe de la terre n'est qu'un des degrès inférieurs de l'échelle des mondes. Il n'y réside guère que des esprits enfants, c'est-à-dire des âmes nées depuis peu à la raison. La matière trône en souveraine sur notre monde. Elle nous courbe sous son joug, limite nos facultés, arrête nos élans vers le bien, nos aspirations vers l'idéal.

Aussi, pour discerner le pourquoi de la vie, pour entrevoir la loi suprême qui régit les âmes et les mondes, faut-il savoir s'affranchir de ces lourdes influences, se dégager des préoccupations d'ordre matériel, de toutes ces choses passagères et changeantes qui encombrent notre esprit, obscurcissent nos jugements. Ce n'est qu'en nous élevant quelquefois par la pensée au-dessus des horizons de la vie, en faisant abstraction du temps et du lieu, en planant en quelque sorte au-dessus des détails de l'existence, que nous apercevrons la vérité.

Par un effort de volonté, abandonnons un instant la terre, gravissons ces hauteurs sublimes. De leur sommet se déroulera pour nous l'immense panorama des âges sans nombre et des espaces sans limites. De même que le soldat perdu dans la mêlée ne voit que confusion autour de lui, tandis que le général, dont le regard embrasse toutes les péripéties de la bataille, en suppute et en prévoit les résultats; de même que le voyageur égaré dans les replis de terrain, peut, en gravissant la montagne, les voir se fondre en un plan grandiose, ainsi l'âme humaine, de ces cimes où elle plane, loin des bruits de la terre, loin des bas-fonds obscurs, découvre l'harmonie universelle. Ce qui d'en bas lui paraissait contradictoire, inexplicable, injuste, vu d'en haut se relie, s'éclaire. Les sinuosités du chemin se redressent. Tout s'unit, s'enchaîne. A l'esprit ébloui apparaît l'ordre majestueux qui règle le cours des existences et la marche des univers.

De ces hauteurs illuminées, la vie n'est plus à nos yeux, comme à ceux de la foule, la poursuite vaine de satisfactions éphémères, mais un moyen de perfectionnement intellectuel, d'élévation morale, une école où s'apprend la douceur, la patience, le devoir. Et cette vie, pour être efficace, ne peut-être isolée. Hors de ses limites, avant la naissance et par delà la mort, nous voyons, dans une sorte de pénombre, se dérouler une multitude d'existences à travers lesquelles, au prix du travail et de la souffrance, nous avons conquis pièce à pièce, lambeau par lambeau, le peu de savoir et de qualités que nous possédons, et par lesquelles nous conquerrons ce qui nous manque : une raison parfaite, une science sans bornes, un amour infini pour tout ce qui vit.

L'immortalité, semblable à une chaîne sans fin, se déroule pour chacun de nous dans l'immensité des temps. Chaque existence est un chaînon qui se relie en arrière et en avant à un chaînon distinct, à une vie différente, mais solidaire des autres. L'avenir est la conséquence du passé. De degré en degré l'être s'élève et grandit. Artisan de ses propres destinées, l'homme, libre et responsable, choisit sa route, et si cette route est mauvaise, les chutes qu'il y fera, les cailloux et les ronces qui le déchireront, auront pour effet de développer son expérience, de fortifier sa raison naissante.

VI

JUSTICE ET PROGRÈS

La loi suprême du monde, c'est le progrès incessant, l'ascension des êtres vers Dieu, foyer des perfections. Des profondeurs de l'abîme, des formes les plus rudimentaires de la vie, par une route infinie, à l'aide de transformations sans nombre, nous nous rapprochons de lui. Au fond de chaque âme, l'Éternel a placé le germe de toutes les facultés, de toutes les puissances ; à nous de les faire éclore par nos efforts et nos luttes ! Envisagé sous cet aspect, notre avancement, notre bonheur à venir est notre œuvre. La grâce n'a plus de raison d'être. La justice rayonne sur le monde, car si tous nous avons lutté et souffert, tous nous serons sauvés.

De même se révèle ici dans toute sa grandeur le rôle de la douleur, son utilité pour le progrès des êtres. Chaque globe roulant dans l'espace est un vaste atelier où la substance spirituelle est incessamment travaillée. Ainsi qu'un minerai grossier, sous l'action du feu et des eaux se change peu à peu en un pur métal, ainsi l'âme humaine sous les lourds marteaux de la douleur, se transforme et se fortifie. C'est au milieu des épreuves que se trempent les grands caractères. La douleur est la purification suprême, la fournaise où fondent toutes les scories impures qui nous souillent : l'orgueil, l'égoïsme, l'indifférence. C'est la seule école où s'affinent les sensations délicates, où s'apprennent la pitié, la résignation stoïque. Les jouissances sensuelles, en nous attachant à la matière, retardent notre élévation, tandis que le sacrifice, l'abnégation, nous dégageant par anticipation de cette épaisse gangue, nous préparent à de nouvelles étapes, à une ascension plus haute. L'âme s'élève ainsi sur l'échelle magnifique des mondes; elle parcourt le champ sans bornes des espaces et des âges. A chaque conquête sur ses passions, à chaque pas en avant, agrandie, purifiée, elle voit ses horizons s'élargir, elle perçoit de plus en plus distinctement la grande harmonie des lois et des choses, y participe d'une manière plus étroite, plus effective. Alors le temps s'efface pour elle, les siècles s'écoulent comme des secondes. Unie à ses sœurs, compagnes de l'erraticité, elle poursuit sa marche éternelle au sein d'une lumière toujours grandissante.

De nos recherches et de nos méditations, se dégage ainsi une grande loi : la pluralité des existences de l'âme. Nous avons vécu avant la naissance, et nous revivrons après la mort. Cette loi donne la clé de problèmes jusqu'ici insolubles. Elle seule explique l'inégalité des conditions, la variété infinie des caractères et des aptitudes. Nous avons connu ou nous connaîtrons successivement toutes les phases de la vie terrestre, nous traverserons tous les milieux. Dans le passé, nous étions comme ces sauvages qui peuplent les continents attardés; dans l'avenir, nous pourrons nous élever à la hauteur des génies immortels, des esprits géants qui, semblables à des phares lumineux, éclairent la marche de l'humanité. L'histoire de celle-ci est notre histoire. Avec elle nous avons parcouru les voies ardues, traversé les phases successives, les évolutions séculaires que relatent les annales des nations. Le temps et le travail, voilà les éléments de nos progrès.

Cette loi de la réincarnation montre d'une manière éclatante la souveraine justice régnant sur tous les êtres. Tour à tour nous forgeons et nous brisons nous-mêmes nos chaînes. Les épreuves effrayantes dont souffrent certains d'entre nous sont la conséquence de leur conduite passée. Le despote renaît esclave; la femme altière, vaniteuse de sa beauté, reprendra un corps infirme, souffreteux; l'oisif reviendra mercenaire, courbé sous une tâche ingrate. Celui qui a fait souffrir, souffrira à son tour. Inutile de chercher l'enfer dans des régions inconnues et lointaines, l'enfer est en nous ; il se cache dans les replis ignorés de l'âme coupable, dont l'expiation seule peut faire cesser les douleurs. Il n'est pas de peines éternelles.

Mais, dira-t-on, si d'autres vies ont précédé la naissance, pourquoi en avons-nous perdu le souvenir ; comment pourrions-nous expier avec fruit des fautes oubliées ?

Le souvenir ! ne serait-ce pas un effrayant boulet attaché à nos pieds. Sortant à peine des âges de fureur, échappés d'hier à la bestialité farouche, que doit-être ce passé de chacun de nous ? A travers les étapes franchies, que de larmes, que de sang répandus par notre fait. Nous avons connu la haine et pratiqué l'injustice. Quel fardeau moral que cette longue perspective de fautes pour un esprit encore débile et chancelant.

Et puis le souvenir de notre propre passé ne serait-il pas lié d'une manière intime au souvenir du passé des autres. Quelle situation pour le coupable, marqué au fer rouge pour l'éternité ! Par la même raison les haines, les erreurs se perpétueraient, creusant des divisions profondes, ineffaçables, au sein de cette humanité déjà si déchirée. Dieu a bien fait d'effacer de nos faibles cerveaux le souvenir d'un passé redoutable. Après avoir bu les eaux du Léthé, nous renaissons à une vie nouvelle. Une éducation différente, une civilisation plus large font évanouir les fantômes qui hantèrent autrefois notre esprit. Allégés de ce bagage encombrant, nous avançons d'un pas plus rapide dans les voies qui nous sont ouvertes.

Cependant ce passé n'est pas tellement éteint que nous ne puissions en entrevoir quelques vestiges. Si, nous dégageant des influences extérieures, nous descendons au fond de notre être, si nous analysons avec soin nos goûts, nos aspirations, nous découvrirons des choses que rien dans notre existence actuelle et dans l'éducation reçue ne peut expliquer. Partant de là, nous arriverons à reconstituer ce passé, sinon dans ses détails, au moins dans ses grandes lignes. Quant aux fautes entraînant dans cette vie une expiation consentie, quoique effacée momentanément à nos yeux, leur cause première n'en subsiste pas moins, toujours visible, c'est-à-dire nos passions, ce caractère fougueux, que de nouvelles incarnations auront pour but de courber, d'assouplir.

Ainsi donc, si nous laissons sous les péristyles de la vie les plus dangereux souvenirs, nous apportons du moins avec nous les fruits et les conséquences des travaux naguère accomplis, c'est-à-dire une conscience, un jugement, un caractère tels que nous les avons façonnés nous-même. Ce que l'on nomme l'innéité n'est autre chose que l'héritage intellectuel et moral que nous lèguent les vies évanouies.

Et chaque fois que s'ouvrent pour nous les portes de la mort; lorsque, affranchie du joug matériel, notre âme s'échappe de sa prison de chair pour rentrer dans l'empire des esprits, alors le passé reparaît tout entier devant elle. L'une après l'autre, sur la route suivie, elle revoit ses existences, les chutes, les haltes, les marches rapides. Elle se juge elle-même en mesurant le chemin parcouru. Dans le spectacle de ses succès ou de ses hontes étalés devant elle, elle trouve son châtiment ou sa récompense.

Le but de la vie étant le perfectionnement intellectuel et moral de l'être, quelle condition, quel milieu nous conviennent le mieux pour réaliser ce but? L'homme peut travailler à ce perfectionnement dans toutes les conditions, dans tous les milieux sociaux; cependant il y travaillera plus fructueusement dans des conditions déterminées.

La richesse procure à l'homme de puissants moyens d'étude; elle lui permet de donner à son esprit une culture plus développée et plus parfaite; elle met entre ses mains des facilités plus grandes de soulager ses frères malheureux, de participer en vue de l'amélioration de leur sort à des fondations utiles. Mais ils sont rares ceux qui considèrent comme un devoir de travailler au soulagement de la misère, à l'instruction et à l'amélioration de leurs semblables.

La richesse dessèche trop souvent le cœur

humain; elle éteint cette flamme intérieure, cet amour du progrès et des améliorations sociales qui réchauffe toute âme généreuse; elle élève une barrière entre les puissants et les humbles; elle fait vivre dans une sphère que n'atteignent pas les déshérités de ce monde et où, par conséquent, les besoins, les maux de ceux-ci sont ignorés, méconnus.

La misère a aussi ses effroyables dangers: la dégradation des caractères, le désespoir, le suicide. Mais tandis que la richesse nous rend indifférents, égoïstes, la pauvreté, en nous rapprochant des humbles, nous fait compatir à leurs douleurs. Il faut avoir souffert soi-même pour apprécier les souffrances d'autrui. Alors que les puissants, au sein des honneurs, se jalousent entre eux et cherchent à rivaliser d'éclat, les petits, rapprochés par le besoin, vivent parfois dans une touchante confraternité.

Voyez les oiseaux de nos climats pendant les mois d'hiver, lorsque le ciel est sombre, que la terre est couverte d'un blanc manteau de neige; serrés les uns contre les autres au bord d'un toit, ils se réchauffent mutuellement en silence. La nécessité les unit. Mais viennent les beaux jours, le soleil resplendissant, la provende abondante, ils piaillent à qui mieux mieux, se poursuivent, se battent, se déchirent. Ainsi est l'homme. Doux, affectueux pour ses semblables dans les jours de tristesse, la possession des biens matériels le rend trop souvent oublieux et dur.

Une condition modeste conviendra mieux à l'esprit désireux de progresser, d'acquérir les vertus nécessaires à son ascencion morale. Loin du tourbillon des plaisirs menteurs, il jugera mieux la vie. Il demandera à la matière ce qui est nécessaire à la conservation de ses organes, mais il évitera de tomber dans des habitudes pernicieuses, de devenir la proie des innombrables besoins factices qui sont le fléau de l'humanité. Il sera sobre et laborieux, se contentant de peu, s'attachant par-dessus tout aux plaisirs de l'intelligence et aux joies du cœur.

Ainsi fortifié contre les assauts de la matière, le sage, sous la pure lumière de la raison, verra resplendir ses destinées. Éclairé sur le but de la vie et le pourquoi des choses, il restera ferme, résigné devant la douleur; il saura la faire servir à son épuration, à son avancement. Il affrontera l'épreuve avec courage, sachant que l'épreuve est salutaire, qu'elle est le choc qui déchire nos âmes et que par cette déchirure seule peut s'épancher tout le fiel qui est en nous. Et si les hommes se rient de lui, s'il est victime de l'injustice et de l'intrigue, il apprendra à supporter patiemment ses maux en reportant ses regards vers vous, ô frères aînés, vers Socrate buvant la cigüe, vers Jésus en croix, vers Jeanne au bûcher. Il se consolera dans la pensée que les plus grands, les plus vertueux, les plus dignes ont souffert et sont morts pour l'humanité.

Et quand enfin après une existence bien remplie viendra l'heure solennelle, c'est avec calme, c'est sans regret qu'il accueillera la mort, la mort que les humains entourent d'un sinistre appareil, la mort, épouvante des puissants et des sensuels et qui, pour le penseur austère, n'est que la délivrance, l'heure de la transformation, la porte qui s'ouvre sur l'empire lumineux des esprits.

Ce seuil des régions supra-terrestres, il le franchira avec sérénité. Sa conscience, dégagée des ombres matérielles, se dressera devant lui comme un juge, représentant de Dieu, lui demandant: Qu'as-tu fait de la vie? et il répondra: J'ai lutté, j'ai souffert, j'ai aimé; j'ai enseigné le bien, la vérité, la justice; j'ai donné à mes frères l'exemple de la droiture, de la douceur; j'ai soulagé ceux qui souffrent, consolé ceux qui pleurent. Et maintenant que l'Éternel me juge, me voici entre ses mains! . . . .

VII

LE BUT SUPRÊME

Homme, mon frère, aie foi en ta destinée, car elle est grande. Tu es né avec des facultés incultes, des aspirations infinies, et Dieu t'a donné l'éternité pour les développer, les satisfaire. Grandir de vie en vie, t'éclairer par l'étude, te purifier par la douleur, acquérir une science toujours plus vaste, des qualités toujours plus nobles, voilà ce qui t'es réservé ! Dieu a fait plus encore pour toi. Il t'a donné les moyens de collaborer à son œuvre immense, de participer à la loi du progrès sans bornes en ouvrant des voies nouvelles à tes frères, en les élevant, en les attirant à toi, en les initiant aux splendeurs du vrai et du beau, aux sublimes harmonies de l'univers. N'est-ce pas là créer, transformer âmes et mondes, et ce travail gigantesque, fertile en jouissances, n'est-il pas préférable à un repos morne et stérile? Collaborer avec Dieu! réaliser en tout et par tout le bien, la justice, quoi de plus grand, de plus digne de ton esprit immortel!

Élève donc ton regard et embrasse les vastes perspectives de ton avenir sans fin. Puise dans ce spectacle l'énergie nécessaire pour affronter les vents et les orages du monde. Marche, vaillant lutteur, gravis la pente qui conduit à ces cimes qu'on appelle vertu, devoir, sacrifice. Ne t'arrête pas en chemin à cueillir les fleurettes du buisson, à jouer avec les cailloux dorés. En avant! toujours en avant!

Vois-tu dans les cieux splendides ces astres flamboyants, ces soleils innombrables entraînant dans leurs évolutions prodigieuses de brillants cortéges de planètes. Que de siècles accumulés n'a-t-il pas fallu pour les former.

Que de siècles ne faudra-t-il pas pour les dissoudre. Eh bien, un jour viendra où tous ces feux seront éteints, où ces mondes gigantesques s'évanouiront pour faire place à des globes nouveaux, à d'autres familles d'astres émergeant des profondeurs. Rien de ce que tu vois aujourd'hui ne sera plus. Le vent des espaces aura à jamais balayé la poussière de ces mondes usés ; mais toi tu vivras toujours poursuivant ta march éternelle au sein d'une création sans cesse renouvelée. Que seront alors pour ton âme épurée, agrandie, les ombres et les soucis du présent. Accidents éphémères de notre course, il ne laisseront plus au fond de notre mémoire que de tristes et doux souvenirs. Devant les horizons infinis de l'immortalité, les maux du présent, les épreuves subies, seront comme un nuage fugitif au milieu d'un ciel serein.

Mesure donc à leur juste valeur les choses de la terre. Ne les dédaigne pas sans doute, car elles sont nécessaires à tes progrès, et ta mission est de contribuer à leur perfectionnement en te perfectionnant toi-même, mais n'y attache pas exclusivement ton âme et recherche avant tout les enseignements qu'elles contiennent. Grâce à eux, tu comprendras que le but de la vie n'est ni la jouissance, ni le bonheur, mais le développement au moyen du travail, de l'étude, de l'accomplissement du devoir, de cette âme, de cette personnalité que tu retrouveras au delà de la tombe telle que tu l'auras façonnée toi-même dans le cours de cette existence terrestre.

VIII

PREUVES EXPÉRIMENTALES

La solution que nous venons de donner des problèmes de la vie est basée sur la plus rigoureuse logique. Elle est conforme aux croyances des plus grands génies de l'antiquité, aux enseignements de Socrate, de Platon, d'Origène, à ceux des Druides, dont les profondes vues, aujourd'hui reconstituées par l'histoire, confondent l'esprit humain à vingt siècles de distance. Elle forme le fond des philosophies de l'Orient et a inspiré des œuvres et des actes sublimes. C'est en elle que nos pères les Gaulois puisaient leur indomptable courage, leur mépris de la mort. Dans les temps modernes, elle a été professée par Jean Reynaud, Henri Martin, Esquiros, Pierre Leroux, etc.

Cependant, malgré leur caractère absolument rationnel, malgré l'autorité des traditions, ces conceptions seraient qualifiées de pures hypothèses, reléguées dans le domaine de l'imagination pure si nous ne pouvions les asseoir sur une base inébranlable, sur des expériences directes, sensibles, mises à la portée de tous.

L'esprit humain, fatigué des théories et des systèmes, devant toute affirmation nouvelle réclame aujourd'hui des preuves. Ces preuves de l'existence de l'âme, de son immortalité, ces preuves matérielles, évidentes, le spiritualisme expérimental nous les apporte. Il suffit d'observer froidement, sérieusement, d'étudier avec persévérance les phénomènes dits spirites pour se convaincre de leur réalité, de leur importance, pour sentir quelles conséquences immenses ils ont au point de vue des transformations sociales, en apportant une base positive, un solide point d'appui aux lois morales, à l'idéal de justice sans lesquels aucune civilisation n'est possible.

Les âmes des morts se révèlent aux humains. Elles manifestent leur présence, s'entretiennent avec nous, nous initient aux mystères des vies renaissantes, de cet avenir qui sera le nôtre.

C'est là un fait réel, encore peu connu et généralement contesté. Les expériences du nouveau spiritualisme ont été accueillies par le sarcasme et tous ceux qui s'en sont occupés au début ont été bafoués, ridiculisés, considérés comme des fous.

Mais tel a été de tout temps le sort des idées nouvelles, l'accueil réservé aux grandes découvertes. On a considéré comme trivial l'usage des tables tournantes, mais les plus grandes lois de l'univers, les plus puissantes forces de la nature ne se sont pas révélées d'une manière plus imposante. N'est-ce pas grâce aux expériences faites sur des grenouilles que l'électricité a été découverte? La chute d'une pomme démontrait l'attraction universelle et l'ébulition d'une marmite l'action de la vapeur. Quant à être taxés de folie, les spirites partagent sur ce point le sort de Salomon de Caus, d'Harvey et de tant d'autres hommes de génie.

Que l'on considère seulement que la plupart de ceux qui critiquent si passionnément ces phénomènes ne les ont ni observés ni étudiés, que parmi ceux qui connaissent et affirment leur existence on compte les plus grands savants de l'époque. Tels sont, en Angleterre, W. Crookes, l'éminent chimiste, membre de la Société royale de Londres, inventeur du radiomètre, A. Wallace, l'émule de Darwin, Warley, ingénieur en chef des télégraphes; en Amérique, le jurisconsulte Edmonds, président du Sénat, le professeur Mapes, de l'Académie nationale; en Allemagne, l'illustre astronome Zœllner, les professeurs Ulrici, Weber, Fechner, de l'Université de Leipzig; en France, Camille

Flammarion, Victor Hugo, Vacquerie, Eug. Nus, C. Fauvety, etc. Que l'on dise de quel côté sont les garanties d'examen sérieux, de mûre réflexion? Galilée, à ceux qui niaient le mouvement de la terre, répondait « *Epur si muove.* » Crookes se prononce ainsi au sujet des faits spirites : « *Je ne dis pas que cela peut être, je dis que cela est.* » La vérité, qualifiée d'utopie au début, finit toujours par prévaloir.

Constatons cependant que l'attitude de la presse à l'endroit de ces phénomènes s'est sensiblement modifiée. On ne raille, on ne ridiculise plus. On entrevoit qu'il y a là quelque chose de grave. Les grands journaux parisiens, *le Rappel, le Figaro, le Gil-Blas,* publient fréquemment de sérieux articles sur ces matières. La doctrine du spiritualisme expérimental se répand dans le monde avec une rapidité prodigieuse. Aux États-Unis, ses adeptes se comptent par millions; l'Europe occidentale est entamée, et jusque dans les milieux les plus rétrogrades, en Espagne, en Russie, des sociétés d'investigation se fondent, de nombreuses publications apparaissent.

Le concours de sujets particulièrement doués est indispensable pour l'obtention de ces phénomènes. C'est que les esprits ne peuvent agir sur les corps matériels et frapper nos sens sans une provision de fluide vital qu'ils empruntent à ces personnes appelées *médiums*. Tout le monde possède des rudiments de médiumnité qui se développent par le travail et par l'exercice (1).

L'âme, dans son existence d'outre-tombe, ne vit pas d'une vie incorporelle. Elle reste enveloppée d'une forme fluidique, vaporeuse, qui revêt toutes les apparences du corps humain et que l'on nomme *périsprit*. C'est à l'aide de cet élément, combiné avec le fluide vital des médiums et mis en mouvement par la volonté, que l'esprit se manifeste aux humains. Il fait entendre des coups, déplace des objets, correspond avec nous par des

(1) Voir : *Le Livre des Esprits, Le Livre des Médiums*, par Allan Kardec.

signes de convention. Dans certains cas, il peut même se rendre visible, tangible, produire de l'écriture directe, des messages. Tous ces faits ont été observés et renouvelés des milliers de fois par les savants que nous avons nommés plus haut et par des personnes de tout rang, de tout âge et de tous pays. Ils rendent expérimentalement incontestable l'existence autour de nous de tout un monde invisible, formé des âmes qui ont quitté la terre, parmi lesquelles se trouvent celles que nous avons connues, aimées, et que nous rejoindrons un jour. Ce sont elles qui nous enseignent la philosophie consolante et grandiose dont nous avons esquissé plus haut les traits essentiels.

Et que l'on sache bien que ces manifestations, considérées par tant d'hommes — sous l'empire de préjugés étroits — comme étranges, anormales, impossibles, ces manifestations ont toujours existé. Des rapports continus ont uni le monde des esprits au monde des vivants. L'histoire en fait foi. L'apparition de Samuel à Saül, le génie de Socrate, celui de Jérôme Cardan, les voix de Jeanne d'Arc. tant d'autres faits analogues, procèdent des mêmes causes. Seulement, ce que l'on considérait autrefois comme surnaturel, se présente aujourd'hui avec un caractère rationnel, comme un ordre de faits régit par des lois rigoureuses, dont l'étude fait naître en nous une conviction profonde, éclairée. Ces faits, on le voit, loin d'être méprisables, constituent une des plus grandes révolutions intellectuelles et morales qui se soient produites dans l'histoire du globe. Ils sont le plus puissant argument que l'on puisse opposer au scepticisme. La certitude de revivre au delà du tombeau, dans la plénitude de nos facul-cultés et de notre conscience fait perdre à la mort son épouvantail. La connaissance des situations heureuses ou pénibles faites aux esprits par leurs bonnes ou leurs mauvaises actions est une puissante sanction morale. La perspective des progrès infinis, des conquêtes intellectuelles qui attendent tous les êtres et les portent vers des destinées communes peut seule rapprocher les hommes, les unir par des liens fraternels. La doctrine du spiritualisme expérimental est la seule philosophie positive qui puisse répondre aux besoins moraux de l'humanité.

~~~~~~~~~~~~~~~~
~~~~~~~~~~~~~~~~

IX

RÉSUMÉ ET CONCLUSION.

En résumé, les principes qui découlent du Nouveau Spiritualisme, principes enseignés par les esprits désincarnés, beaucoup mieux placés que nous pour discerner la vérité, ces principes sont les suivants :

Existence de Dieu, intelligence directrice, âme de l'univers, unité suprême où viennent aboutir et s'harmoniser tous les rapports, foyer immense des perfections d'où rayonnent et se répandent dans l'infini toutes les puissances morales : Justice, Sagesse, Amour!...

Immortalité de l'âme, essence spirituelle,

renfermant à l'état de germe toutes les facultés, toutes les puissances, destinée à les développer par ses travaux en s'incarnant sur les mondes matériels, en s'élevant par des vies successives et innombrables, de degrés en degrés, depuis les formes inférieures et rudimentaires jusqu'à la perfection dans la plénitude de l'existence.

Communion des vivants et des morts; action réciproque des uns sur les autres; permanence des rapports entre les deux mondes. Solidarité de tous les êtres, identiques dans leur origine et dans leurs fins, différents seulement par leur situation transitoire; les uns à l'état d'esprits, libres dans l'espace, les autres revêtus d'une enveloppe périssable, mais passant alternativement d'un état à l'autre, la mort n'étant qu'un temps de repos entre deux existences terrestres.

Progrès infini; Justice Éternelle; Sanction morale. L'âme libre de ses actes et responsable, crée elle-même son avenir. Suivant son état moral, les fluides grossiers ou subtils qui composent son périsprit et qu'elle a attirés à elle par ses habitudes et ses tendances, ces fluides, soumis à la loi universelle d'attraction et de pesanteur, l'entraînent vers les globes inférieurs, vers les mondes de douleur où elle souffre, expie, rachète le passé, ou bien la portent vers les sphères heureuses où la matière a moins d'empire, où règnent l'harmonie, la félicité. L'âme, dans sa vie supérieure et parfaite, collabore avec Dieu, forme les mondes, dirige leurs évolutions, veille à l'accomplissement des lois éternelles.

Tels sont les enseignements que le Spiritualisme expérimental présente aux peuples de la terre. Ils ne sont autres que ceux du Christianisme primitif, dégagé des formes d'un culte matériel, dépouillé des dogmes, des fausses interprétations, des erreurs sous lesquels les hommes ont voilé, rendu méconnaissable la philosophie du Christ.

La nouvelle doctrine, en révélant l'existence d'un monde occulte, invisible, aussi réel, aussi vivant que le nôtre, ouvre à la pensée humaine des horizons devant lesquels celle-ci hésite encore, interdite, éblouie.

Mais les rapports que cette révélation facilite entre les morts et nous, les consolations, les encouragements qui en découlent, la joie de retrouver tous ceux que nous croyions à jamais perdus, de recevoir d'eux les suprêmes enseignements, tout cela constitue un ensemble de forces nouvelles, incalculables, de ressources morales que l'homme ne saurait méconnaître ou dédaigner sans danger pour lui.

Cependant, malgré la haute valeur de cette doctrine, l'homme du siècle, profondément sceptique, engourdi dans ses préjugés, n'y aurait guère pris garde si des faits n'étaient venus les appuyer. Pour frapper l'esprit humain, superficiel, indifférent, il fallait des manifestations matérielles, bruyantes. C'est pourquoi des meubles de toutes formes se mirent en branle, des murailles retentirent de coups sonores, des corps lourds se déplacèrent, contrairement aux lois physiques connues; mais après cette première phase grossière les phénomènes devinrent de plus en plus intelligents. Les faits d'ordre psychique (du grec *psuché,* âme) succédèrent aux manifestations physiques, des médiums écrivains, orateurs, somnambules, guérisseurs se révélèrent, recevant mécaniquement ou intuitivement des inspirations dont la cause était en dehors d'eux, des apparitions visibles et tangibles se produisirent et la réalité de l'existence des esprits devint incontestable pour tous les observateurs que n'aveuglaient pas le parti pris.

Ainsi apparait à l'humanité la nouvelle croyance, appuyée d'une part sur les traditions du passé, sur l'universalité de principes que l'on retrouve à la source de toutes les religions et de la plupart des philosophies; de l'autre, sur d'innombrables témoignages psychologiques, sur des faits observés sur tous les points du monde par des hommes de toutes conditions.

Et, chose remarquable, cette science, cette philosophie nouvelle, simple, accessible à tous, dégagée de tout appareil, de toute forme cultuelle, cette science arrive à l'heure précise où les croyances vieillies s'affaiblissent, s'écroulent, où le sensualisme s'étend comme une plaie immense, où les mœurs se corrompent, les liens sociaux se relâchent, où le vieux monde erre à l'aventure, sans frein, sans idéal, sans loi morale, comme un navire dépourvu de boussole flotte au gré des vents.

Tout homme qui observe et réfléchit ne peut ignorer que la société moderne traverse une crise redoutable. Une profonde décomposition la ronge sourdement. L'amour du lucre, le désir des jouissances deviennent de jour en jour plus âpres, plus ardents. On veut posséder à tout prix. Tous moyens sont bons pour acquérir le bien-être, la fortune, seul but que l'on juge digne de la vie. De telles aspirations ne peuvent produire que deux conséquences : l'égoïsme impitoyable chez les heureux, la haine et le désespoir chez les infortunés. La situation des petits, des humbles est douloureuse et, trop souvent, ceux-ci plongés dans une nuit morale où pas une consolation ne luit, cherchent dans le suicide la fin de leur maux. Par une progression graduelle, le nombre des suicides qui était de 1,500 en 1830 pour la France s'est élevé à 7,000 en 1883.

Le spectacle des inégalités sociales, des souffrances des uns opposées aux apparentes joies, aux satisfactions sensuelles, à l'indifférence des autres, ce spectacle attise au cœur des déshérités un puissant ferment de haine. Déjà la revendication des biens matériels s'affirme. Que les masses profondes se comptent, s'organisent, se lèvent, et le vieux monde peut être ébranlé par d'effrayantes convulsions.

La science est impuissante à conjurer le mal, à relever les caractères, à panser les blessures des combattants de la vie. En réalité, il n'y a guère à notre époque que des sciences spéciales à certains côtés de la nature, rassemblant des faits, apportant à l'esprit humain une somme de connaissances sur le sujet qui leur est propre. C'est ainsi que les sciences physiques se sont prodigieusement enrichies depuis un demi-siècle, mais ces constructions éparses manquent de lien, d'unité, d'harmonie. La science par excellence, celle qui de la série des faits remontera à la cause qui les produit, celle qui doit relier, unir ces sciences diverses en une grande et magnifique synthèse, en faire jaillir une conception générale de la vie, fixer nos destinées, en dégager une loi morale, une base d'amélioration sociale, cette science universelle, indispensable, n'existe pas encore.

Si les religions agonisent, si la foi vieillie se meurt, si la science est impuissante à fournir à l'homme l'idéal nécessaire, à régler sa marche, à améliorer les sociétés, tout sera-t-il désespéré?

Non, car une doctrine de paix, de fraternité, de progrès se lève sur ce monde troublé, vient apaiser les haines sauvages, calmer les passions, enseigner à tous la solidarité, le pardon, la bonté.

Elle offre à la science cette synthèse attendue sans laquelle celle-ci resterait à jamais stérile. Elle triomphe de la mort et [illegible] delà cette vie d'épreuves et de maux, ouvre à l'esprit les perspectives radieuses d'un progrès sans bornes dans l'immortalité.

Elle dit à tous : Venez à moi, je vous réchaufferai, je vous consolerai ; je vous rendrai la vie plus douce, le courage et la patience plus faciles, les épreuves plus supportables. J'éclairerai d'un puissant rayon votre obscur et tortueux chemin. A ceux qni souffrent, je donne l'espérance, à ceux qui cherchent, la lumière, à ceux qui doutent et désespèrent, la certitude et la foi.

Elle dit à tous : Soyez frères, aidez-vous, soutenez-vous dans votre marche collective. Votre but est plus loin que cette vie matérielle et transitoire ; il est dans cet avenir spirituel qui vous réunira tous comme les membres d'une seule famille, à l'abri des soucis, des besoins, des maux sans nombre. Méritez-le donc par vos efforts et vos travaux !

L'humanité se relèvera grande et forte le jour où cette doctrine, source infinie de consolations, sera comprise et acceptée. Ce jour-là, l'envie et la haine s'éteindront au cœur des petits ; le puissant, sachant qu'il a été faible, sachant que sa richesse ne lui est prêtée que temporairement, deviendra plus secourable, plus doux pour ses frères malheureux. La science, complétée, fécondée par la philosophie nouvelle, chassera devant elle les superstitions, les ténèbres. Plus d'athées, de sceptiques. Une foi simple, large, fraternelle, s'étendra sur les nations, fera cesser leurs ressentiments, leurs rivalités profondes. La terre, débarrassée des fléaux qui la dévorent, poursuivant son ascension morale, s'élèvera d'un degré dans l'échelle des mondes.

PROFESSION MORALE

DE CH. FAUVETY

J'affirme le DROIT ;

Je confesse le DEVOIR ;

Je veux la JUSTICE et la FRATERNITÉ HUMAINE ;

Je crois à la SOLIDARITÉ UNIVERSELLE ;

J'aspire à la PERFECTION.

DROIT. — Doué de conscience et de raison, par conséquent responsable de tes actes, tu as le droit et le devoir de te gouverner toi-même, dans toutes les sphères de ton activité. Maintiens ton droit, tant qu'il ne porte pas atteinte au droit d'autrui. — Respecte-toi, afin que les autres te respectent. — Cultive tes facultés, développe tes forces, soigne ta santé, évite toute souillure, apprends à défendre ton existence et à protéger ta liberté. Aime la vie que tu as reçue, parce que, s'il ne dépend pas toujours de toi qu'elle soit heureuse, il dépend de toi qu'elle soit utile aux autres et bonne à ton amélioration. — Ne redoute pas la mort, qui n'est qu'un renouvellement des forces et une évolution nécessaire au progrès et à l'agrandissement des êtres.

DEVOIR. — N'oublie pas que méconnaître son devoir c'est compromettre son droit, car le droit et le devoir sont corrélatifs et ne s'affirment pas l'un sans l'autre. — Sois soumis à la loi, source de l'égalité sociale, et repousse tout privilège, même quand tu dois en bénéficier. — Respecte tes engagements ; cultive la vérité ; ne retiens jamais ce qui appartient à autrui. — Rends à tes parents tout ce que tu en as reçu ; honore-les par ta conduite de tous les jours, et que ton respect soit toujours à la hauteur de leur tendressse. Transmets ton patrimoine à tes enfants, s'ils ne s'en sont pas montrés indignes, mais ne leur sacrifie jamais l'intérêt social. — Abstiens-toi de l'oisiveté comme d'un vol. — Si tu amasses des richesses, songe à ce qu'elles ont coûté, et, t'en regardant comme le simple dépositaire, fais qu'elles servent à féconder le travail, à soulager le malheur, à éteindre la misère.

JUSTICE. — Pratique la justice, non-seulement en ne faisant jamais aux autres ce que tu ne voudrait pas qui te fût fait, mais en prenant l'initiative du bien, et luttant contre l'iniquité, partout où tu la rencontreras. — Ne condamne jamais sans recours et sans laisser une porte ouverte à la réparation, au repentir et à la réhabilitation. Le sentiment religieux est incompatible avec l'enfer éternel, et la conscience de l'humanité régénérée par l'amour du prochain, n'admet pas de peine sans rémission.

FRATERNITÉ HUMAINE. — Traite ton prochain comme toi-même. — Pardonne les injures et rends même le bien pour le mal, toutes les fois que le soin de ta dignité personnelle te le permettra. — Sers fidèlement ta patrie et sois toujours prêt à mourir pour elle ; mais ne la sépare jamais, dans ton cœur, de cette plus grande patrie qui a nom : l'Humanité. — Ne t'éloigne pas volontairement de la société des hommes ; ne t'isole point de tes frères, et ne les isole pas les uns des autres : Il n'y a point de progrès pour l'homme seul. — Souviens-toi que c'est aux luttes soutenues, aux souffrances supportées, à travers tant de siècles par les générations qui t'ont précédé, que tu dois tous les biens dont tu jouis; songe que c'est en associant tes efforts à ceux de tes contemporains, que tu prépareras un sort meilleur à ceux qui viendront après toi. — Crée-toi de bonne heure, par le mariage, une sphère familiale d'où soient bannis l'égoïsme, qui est le plus grand de tous les vices, l'envie, le jeu, la paresse, la colère, la débauche, l'intempérance, la dissimulation et le mensonge. — Époux, ne soyez pas seulement unis par la chair ; soyez-le aussi par l'esprit et le cœur, comme si vous étiez une seule âme. Veillez à mériter toujours l'estime l'un de l'autre, et n'ayez jamais à rougir devant vos enfants.

Solidarité universelle. — Dans tes efforts vers le mieux, aspire à tout ce qui est en haut et tend la main à tout ce qui est en bas. — Sois doux et pitoyable envers les animaux, car ils sont sensibles comme toi. — Sois charitable et bienveillant pour toutes les souffrances. — Dans tes plaisirs, ne goûte que ceux qui ne font pleurer personne. — Aime la nature, respecte ses lois, et ne lui commande qu'en lui obéissant. — N'oublie jamais que, si la terre a été donnée aux hommes, c'est pour qu'ils y aient tous leur place au banquet de la vie, et qu'y trouvant, grâce à l'instruction à laquelle tous ont également droit, et à l'aide du travail quotidien dont tous ont également le devoir, leur part de lumière et de liberté, ils y fassent régner l'ordre, la paix, l'équité, l'harmonie. C'est en réalisant ainsi *le règne de Dieu* sur notre domaine terrestre, que nous pourrons nous dire les collaborateurs de l'œuvre divine et qu'il nous sera donné de nous élever progressivement vers l'Être parfait, dont chacun de nous porte en soi l'inépuisable idéal.

Bénie soit l'humanité, dans son passé, dans son présent, dans son avenir !

Béni soit tout ce qui vit au-dessus et au-dessous de nous, dans la perpétuelle communion des êtres !

Béni soit Dieu, Père céleste, Unité suprême, Loi vivante, Raison consciente de l'univers, Source de toute vie, de tout amour, de toute lumière et de toute perfection !

TABLE

Imp. Barbot-Berruer, Tours.

www.ingramcontent.com/pod-product-compliance
Lightning Source LLC
LaVergne TN
LVHW051502090426
835512LV00010B/2295

* 9 7 8 2 0 1 1 8 5 3 3 6 3 *